Francesco Maglione

ANARQUÍA CRISTIANA

XERIOS

Copyright

Titolo: ANARQUÍA CRISTIANA

Autor:Francesco Maglione

©2014, Francesco Maglione

ISBN: 978-88-906126-3-3

PUBLISHER : XERIOS

Cover image: *I saggi*©Francesco Maglione

URL : www.xamata.it

Abstract

Versos sueltos sobre temas
existenciales. …no hay obra de
arte si no hay contenidos. Los
argumentos generan de forma
automática las maneras con las
que expresarse.
El vivir diario nos pone
continuamente enfrente a los
grandes dilemas de la exstencia:
de donde venimos, quienes somos,
qual es el fin de nuestra
presencia que mientras fluye
viene bombardeada por
conocimentos y despedazada por
cruces.
Con la "Pascua" se busca
remarcar la condición umana
dentro de los esquemas
cristianos que, en un camino
vital vivificado por el combate
bien/mal, deja surgir la
esperanza final: el hombre-Señor
En la "ciudad" un conjunto de
flashbacks poco agradables

llevan sin embargo a "himnos
triunfales a la vida".

La ausencia de gobierno como los
griegos sintetizaron con la
palabra anarquía es el status
social último concebido por el
hombre;
en los milenios ha asumido
proyecciones diferentes.
En esta colección se invita a la
manera el propio "deber."
Si todos hicieran el propio
deber por el bien colectivo sin
imposiciones de ley tendríamos
en automático la anarquía y si
respaldáramos nuestras acciones
con el amor seríamos proyectados
hacia la anarquía cristiana como
top evolutivo.
Desde siempre se ha invitados a
desarrollar las mismas tareas
con honestidad y honor, de las
referencias evangélicas a los
elegante artículos de las
modernas legislaciones
democráticas como por ejemplo el

artículo 54 de la Constitución
italiana.
A los que piensan que las
poesías tengan que sólo hablar
de rayos de sol,
de cándidas manos o cuánto otro
de efímero,
sin abrir polémicas de
Rapisardiana o Tolstoyana
memoria recuerdo que entre las
tareas del arte también hay
aquel de sintetizar el momento
histórico en que se vive,
engendrar reflexiones y si
posibles soluciones

La pareja

un hombre
una mujer
se aman

imperecedera unión
el absoluto

lo real
en contra
recita
la confirmación
continua
constante
de su negación

miedos angustiantes
bloquean
el eterno
corpóreo
no existe

crecimiento infinito
espiritual
de   relación
traspasado diariamente
por estocadas
profundas
sangrantes

y
cuidado
donde
es fuerte amor

Instantes

momento solidario
de caridad envolvente

un acto de estima
me mira y se suelta

gotas
de felicidad

Emanaciones tras la gente

bocas
vomitan palabras
desde sus corazones
vibraciones
impulsos
angustiosos

Pascua

cruces destrozan
no hay lenificación
desde los principados
no tregua
sino chorros de sangre

aguante
calma
umilde
conmemora
el extremo sacrificio

después

libres
energía pura

materia
tiempo
espacio

dominio

essencia misma de la creación
con alegría en las manos
los destinos del universo

Señor

cuando el hombre
el hermano no azotarà
con su cadenas

y vida
en la herencia de raza
con solidariedad

Recuerdos

Oscuro
lluvia
apretados
mutaciones improvisos

un poco de calor
colores diáfanos
hielo

mueca inefable
vacío en mi

procurè volar
hacia mi universo
pero al despertar

las estrellas
mojadas
sólo estaban en el sueño

Cadenas

cuando la angustia de rabia
reprimida
atenaza la garganta
con los ojos en la desolación
incluso un hombre puede llorar

y llegarà el día en el que
no más lagrimas
se verán en los rostros
enajenados
rectos
con la mirada resignada
hacia la nada
pero explosión de rabia y furia
gritarán   justizia

las arrogancias
partidas
luz al equilibrio cósmico
y alegría y alegrías
girándulas por el universo

A los amigos artistas

Sobre el renglón
melodias devoradas por las
llamas

musica
ya polvo
quemada
de la codicia

al viento
las negras efimeras
retrae
tus impulsos explosivos
al bello

el cante
elogio universal
brotarà

Más allá
Un amor más allá del tiempo y
del espacio

interdimensionales

rapidos

eros dona

inmóvil

tiempo y espacio

a los amantes

Sagrario

espirituales fragancias

delicadas

compuestas

majestuosas

perfuman el sagrario

Sangre

y homres
en guerra
y sangre

pobres
desangrados en los guetos
por la arrogancia
que corre
hacia la
nada

la muerte

hombre tecnológico
con pasiones arcaicas
cuantos desgarros rojos
en tu camino

Conocimiento

cachorro
de hombre que creces
endurecido
en el fuego ancestral
interconectado
al bien y al mal
fulmíneo
el universo cruzas
hacia tu destino

por el dolor
el conocimiento

'900

entran en el juego la masas
con los media
las insolencias
amplifican el engaño
autoritario
democratico
refinado

nuevos potentados
colorados
vomitados de la bestia

pretextuosos ideales
para guerras entre principados
se contenden el dominio
sobre moltitudes
para chupar humanidad
atomica
de conocimiento
sobre el hombre

en cola en los cortejos
la gente
contra las prevaricaciones
en las plazas del mundo
pide
amor

Ciudad

pátinas de suciedad
respira

tras los excrementos de la
mañana
vagabundos

cernícalos
encaramados en los barrios
esperando la comida

estandardes dominicales
sacian
la fiera

manipulos
venden sexo
en cambio de almas

Rio de gente corriendo

todo
mercancía

el trabajo

gente
junta
explotan a la vida
himnos triunfales

Niebla

legera
fluida
envolvente

fluctua
pastelando

armonias delicadas
acarician
aplacan
encantan

Un niño

respuesta a los por qué de la
vida
un niño

llora
puñaladas al deber

sonrie
poderoso generador de amor

himno a la alegria
masilla de la familia

Pan

perfumen de bontad
ganas
de vivir

trigos
amarillo sarraceno
concertan
al viento
odornados de rojo

apoyo de pueblos
alimento global
puro
cuerpo de Cristo

proteger
el pan
de la mano del crimen

Calvario

El alma
implosionò
decantada
se proyecta
radiante
más allà
del calvario

Jornada gris

Jornada gris
fria
vacía
impulsos cortados
hojas al viento tras la
muchedumbre
sin intereses
solo
en la arcilla que implosiona

dos grandes ojos
en la ventana
la puerta
golpeada por el viento
chirrido de vidrios
escalofríos

que ganas
de tenerte conmigo

Fuera esquemas

como una cobaya
prisionero
en una campana de cristal
me observan
las larvas
compadecen
ridiculizan
humillan
odian
no comprenden
quien sabe
goza en la esencia

el
hombre
està
vivo

Por la calle

un grupillo està ensayando
la musica està en el aire
una chiquilla sueña

la madre
por un brazo
la tira y se la lleva

Reinas

blandas
quietas
dóciles

las reinas

con su andadura
parten
las texturas de la tierra

equilibrios

pero los riflejos
azotes del reál

Free jazz

toda la desesperación del género
humano envuelve

los monstruos del real
bombardeados
de los sonidos
horrendas mascaras cinas
se disputan el tormento
del alma

una mano horada dentro el
estomago
retorcendo el intestino

los ojos
sin sueño
abiertos
el teclado del ordenador
el rostro

te veo ya
hombre del futuro
en la desesperación de la
impotencia

Fracasado

allà

un barco sacudido
de las olas
de alcantarilla
en tempesta

el motor apagado
il timón en punto muerto
no quiere rendirse al trago
del mar
de alcantarilla
que asalta
sobre el puente la fuerza
desesperada
de un fracasado

Paisaje

mira
parece casi
que la tierra
quisiera absorbernos
extáticos
contemplamos
colores y gráficas
transformando la materia
en energía pulsante
que nos invade
la nada
borrando
armonias
existenciales

Politicos

caras
estáticas
alegre
pregoneras

mascaras

brillante
mortal indecisión
real o formal
progreso

se encapilla
contra lo circunstante
que anhela
saqueo de banda

Fuego

cargadas
apuntáis
dirigidas
fuego

el rebelde Prometeo
comida del rapaz
dona

nutre
calienta
ilumina
derrite

el principio

el miembro inmolado por el
orgullo de un pueblo

funerales de rey

gloria
soberbia
encarnadas
en el saqueo

dragón maldito

carnes sueltas sobre las
hogueras
espíritus indómitos
vivos
claros
santos

cruces encendidas
vergüenza de raza

holocausto

pueblas de napalm

tinta
de Dios

en el lavacro
cristiano
forja

Los chicos no hablan gritan

dejados
dueños del espacio tiempo

por las calles
gritan a Dios
compactas en generación
la alegría de pertenencia y
el gracias

de grupo el frenesí de la manera
prepotente la exigencia de estar
allí
inmensos los sueños
estratosféricos los
acontecimientos

listos a construir una sociedad
del bien
a limpiarla

tronchados
estrangulados

tragados por la tiniebla
más tiernas lágrimas
palabras frías

lejanos

no sanea
educación al respeto y al amor

arrojados
atados
en un banco
entre conoscimienost muertos
objeto
de saqueo
material y espiritual
sabrosura de vanagloria
sed de poder no expresado
subcultura

los impulsos
la alegría
disciplinados
guiados
de modo precisen y bien
siguiendo reglas
falsas

inhumanas
anti-cristianas

autoritario
respeto
de sistema

el rechazo

no más ladrillos por lo nuevo

carne papel de seda
correos
sepultureros de perros
un dedo sobre el gatillo
gordo para dueños
despatarrada impune
ninos de rua

dolor
por disoluciones y pestilencias
adultas

peor

terciario
cuaternario
parasitismo polivalente

a chupar con títulos
        falsos
    del trabajo
    el fruto

a muertas los creativos
perpetúa humanidad vendida

un solista pecado no será
        perdonado

aquel contra el espíritu

Las chicas hacen el sciula

las chicas

fanno la sciula

bombe di gioia

abbracciano il mondo

Cuánto menos te lo esperas en este domingo caliente de julio

vestido ligero
el sudor
pega
tallando de ello
el cuerpo
domina
la mujer
con espontaneidad de hembra

por tanto belleza
Dios sonríe en la misa
alivio
del mar de solicitudes

a grandes zancadas desaparece

de repentino

amplia el escote
enjoyada
engendrando
fragancias amnióticas
aparece

arrastrando a uno crujo por mano

mamá

ardilla
se agarran
suben por las caderas
le ciñen el cuello
besos

papá

navajada
livor

abogados
tribunales
confianzas

familia
pierde

entrega de los arma
al que divide
los makefilm ensalzan

también quieren al padre

Anarquía cristiana

esperanzas
ideológicas
matadas

hasta cuando
la sangre
de la anarquía cristiana
con violencia
él mismo
impone

de milenios
Quien

qué ancla antes de nacer

todo invertidos le
de autoridad de la tierra
dieron la caza para hacerle la
piel

de los esclavismos
la humanidad franqueó

la entrada

en su reino
ofreció
sistémica perfección

guías donó

hacia futuras
paradisíacas
felicidad

pastores de ecclesia
qué deponéis
el bastón
endereza calles

en lugar de mazar el cabrón
entre los cuernos

cómodos
segúidlo con todo el rebaño
concedidos crédito y presencia
a los suyos sirves
cortinas fumógenas envuelven el
credo
conocimientos descoordinados
contenidos vaciados
formalismos secularizados

sellos interiores confusos

martirio
al cristiano
calvario
reimpone
alargando de ello los tiempos

teológica formación contatreinta
a construir curas seudo
siracidei
a someter espíritus
a los constituidos
en todo caso
poderes
a echar de las iglesias

los Lázaros del 2000

pretendéis
Dios
sobre la estola
dirigir bendiciones y
maldiciones
según vuestro
mando

al generador de cada libertad
cariñosa

doblarse
someterse
a las vuestras
aviesas pasiones

o
vas
sólo

curas y banda
sois fuera
exageradas
y
él exasperado
más solo
el higo secará
pero entregará
hará pasar a hilo de espada
pobres
humildes
trabajadores
comprados por una cerveza
seducidos por falsos profetas
teóricos del nada

personas buenas
honestas

justos
retomáis sitio
en la asamblea

dialéctica
indicadas
Cristo es vuestro
testimoniáis

lanzáis
un puente
operativo

seáis amigos

con los Dioses del universo
endulzadas de ello
las soledades

inmensa el conocimiento
creativos
al top evolutivo

Tatu

cuerpos
pinchados
señalados

remitido
el templo

no besas de amor

chupetes de bestia
a chupar bestias

vencedores
perdedores
en todo caso
guerreros terribles

conflicto
infinito

nunca paz

Discoteca

aire

una pareja

van fuera iguales
mano en la mano
indisolubles
búnker
aura
impenetrables

íntegros

en sus ojos
certeza feliz

gran tristeza
por los más izquierdo sexo
representados amor

Viejo compañero

Bandera roja la triunfará

cortejos
mitines
pancartas
banderas

ocupaciones
grafitos
espray

conflictos negros
guerrilla urbana
clase en lucha

el partido

jefes grandes
matanzas

martirios
choque de mundos

economía de llano
a borrar aprovechadores y chupa
sangre

necesidades
miseria
pobrezas franqueadas
en el sueño
hombres hermanos

desmoronado el muro

dueños
sin más barreras
globalizados

los pequeños
al poder
con el gruñido

hueso en boca

quietamente
suavemente engatusados

hartos
burocratizados

cojín
filtro
baluarte
elementos sistémicos

a los de siempre generadores
de cada miseria y pobreza

esperanzas todo venden

no nos es santos a que votarse
la idea también le ha sacado
aquéllos

reglas absurdas
democráticamente
suscritas

enjaulados

furia ciega
única respuesta

internacional futura humanidad

Le he preguntado a mi Padre

cubierto de señales
le he preguntado a mi padre

reexpédelos al remitente
con los intereses

cada mi palabra
acción
vuelta
opinión
pública calumnia

quiero sacudir el polvo
retomarme la paz

me ha contestado
no los maldigas
perdónalos

perdona las ofensas
no lo obrado
contra la humanidad

son vueltos
sodomía y gomorra
serán destruidas

bendices el trabajo

con un gesto
ha enseñado de ello los frutos

ha visto mis cadenas
sonriendo
ha enseñado de ello los trozos

todavía siento de ello el peso
atascado
me ha tomado por mano

estoy caminando
puedo correr
torturadores
ya sólo alas de muchedumbre
a mi paso

ESCRIBA

intelectuales
humanidad sensible
hinchados de cultura
maestros de la palabra
científicos de la comunicación
fustigadores de las desviaciones
informativos
con el riesgo
coordinar de los hechos
el por qué
rastrear soluciones
nada sin el consultor

escribidores

en primera fila
siempre
a incensar potentes
ocultar de ello
justificar de ello
defender de ello
la obra
os alimentáis de sobras

hogueras ganchudas
no enseñan

perdida la esperanza
pueblo sin lumbres
conocimientos sometidos
primeros
destrozará

el conocimiento
sólo tiene uno dueño
el bien común
hacéis vuestro deber

Otan libre

antropofagia

danos la ley
de os es dentro

nadie la respeta
tengo miedo
quiero a un rey

no te sometas

no logro
a controlar el mal

el rey te hace esclavo

si tú bendices
seré sujeto
pero protegido por hambre y hoja

loco
las malas costumbres
domina
ningún demonio podrá oprimirte

el rey

está sin ley
absolutista poder
infinitas las soberbias
su cosa

queremos la democracia

constitución

cuánto muertes
inútiles
reglas indefensas
consentimientos engendrados
por saqueo
impunes
justos burlados
malos dueños del campo
caos
no la hago a arreglar
no sé de dónde empezar

un dictador
orden y respeto

marioneta
jefe doblado al bastón

dame a un rey

no será nunca bueno

te hice libre

conoces el delinquir
no lo quieras
no lo reverencies
en los dientes lo coges a
patadas

el sabio lo conoces

de le fuerza
trabajará por ti

cuando los sellos morales
aliento de vida
se volverán

en automático
la armonía

Amor supremo

amor supremo
por conocimiento
compartidos males
dona

Indice

25. Politicos
26. Fuego
27. Los chicos no hablan gritan
28. Las chicas hacen el sciula
29. Cuánto menos te lo esperas
    en este domingo caliente
    de jiulio
30. Anarquía cristiana
31. Tatu
32. Discoteca
33. Viejo compañero
34. Le he preguntado a mi Padre
35. Escriba
36. Otan libre
37. Amor supremo

www.ingramcontent.com/pod-product-compliance
Lightning Source LLC
La Vergne TN
LVHW021546080426
835509LV00019B/2865